經典
少年遊

002

搜神記

神怪故事集

In Search of the Supernatural
Records of Gods and Spirits

繪本

故事◎劉美瑤
繪圖◎顧珮仙

正午，蠶娘來到田埂邊：「爹！吃飯了。」姬父勒住白馬，取下犁軛，讓馬兒自行歇息去。蠶娘端出飯盒呈給父親，然後取出一封信。姬父不經心的看了一眼說：「開始打仗了。」姬父握緊信封：「我得即刻返營。」

「好好耕種，不要荒廢了田地。」姬父囑咐蠶娘。唉，姬父輕嘆：這孩子如今孤身一人持家，不知是否妥當？才想著，屋外的白馬正巧嘶鳴了一聲。「白馬很馴良，可以助妳耕作。」蠶娘緊抓著父親的手不願意鬆開。

父親出征後，蠶娘起初不忘辛勤耕作。但日子一久，心中的憂思便慢慢滋長。這天蠶娘望著荒地發呆，一旁的白馬突然嘶鳴不已，載著她來到一處美麗的山谷，「好美的景色。」蠶娘對白馬嫣然一笑。

「啊！」蠶娘駭叫著坐起，抓著胸口不停的喘氣，沒多想便翻身下床，走向馬廄。「馬兒，我好怕，好怕，」蠶娘臉貼著白馬的頸脖低聲說道：「我夢見爹死了……我好想爹，不知道爹現在好不好？」

9

蠶娘心裡突然掠過一個念頭：「如果有人能讓爹回來，我願意嫁給他。」白馬突然嘶鳴了一聲，開始刨地，蠶娘睜大眼睛：「你可以讓父親回來？」說完蠶娘都覺得好笑：「好，你真的把爹迎回來，我就嫁給你。」

隔天，蠶娘想起似乎很久沒下田，要帶白馬去耕作，卻發現馬廄裡空蕩蕩的，只餘下一截被咬斷的草繩。「馬兒怎麼不見了？」馬兒的足印一路往外，走出院落，走向路的盡頭。蠶娘蹙眉：難道，馬兒真的去找爹了？

白馬真的去找姬父了。 經過不眠不休的奔馳， 白馬終於找到姬父。 看見白馬， 姬父非常驚訝：「難道家裡出事了？」 姬父越想越擔心， 於是跟將軍告假， 騎上白馬奔馳回家。

看見遠方揚起塵埃，正在田中努力除草的蠶娘忍不住停下手邊的工作望過去，看了半晌，蠶娘漸漸睜大眼睛。

「那身影好熟悉，那匹馬，馬上的人……啊！」蠶娘尖叫一聲，往前跑去：「是爹，爹回來了！」

「一切沒事吧？」「沒事，只是太想爹了。戰爭結束了？」「還沒。我是看見咱家的馬自己跑來，以為妳出事了，才趕回來。」蠶娘瞧了瞧白馬，白馬也正望著她。「咿－」白馬叫了一聲，蠶娘臉色倏地刷白。

晚上蠶娘與父親吃飯時，姬
父說：「咱家的白馬似乎很
有靈性，妳明天去買些上等
馬料回來餵牠吧？」

「知道了。」蠶娘嘴裡應好，心裡卻忐忑不安：「馬兒真的把我的話當真嗎？我是人，怎麼可能與畜生成婚？」

21

蠶娘將草料抱進馬廄餵馬。不料馬兒看見蠶娘，發狂似的跳躍、嘶鳴。蠶娘駭怕得丟下草料逃出去，卻撞上姬父。白馬突然又一聲大叫撞向姬父。「這白馬怎麼突然抓狂？」蠶娘漲紅了臉不敢回應。姬父心頭起疑。

23

自那天起，白馬不吃不喝，只要蠶娘一靠近，牠就瘋了似的想衝過去，逼得姬父拿馬鞭抽牠。蠶娘雖然不忍，卻不敢多說什麼。夜裡，蠶娘偷偷去馬廄。「馬兒，我會照料你一輩子，別再鬧了好嗎？」白馬終於啃起草料來。

24

「妳為什麼要照料馬一輩子？」蠶娘沒料到爹發現她與馬兒的對話，嚇得答不出話。「快說！」蠶娘邊哭邊把事情告訴姬父。「明天妳就待在屋裡，別再讓那畜生看見妳。」姬父赤紅著眼：「這件事絕對不准洩露出去。」

一大早，姬父牽出白馬。「來，我們去洗乾淨，才能當個神氣的新郎官啊！」白馬高興的揚起蹄子。姬父騎著白馬來到山谷中。「馬兒，你先去飲水，我到林中取點東西。」姬父走進樹林，取出預先藏好的弓箭，瞄準白馬。

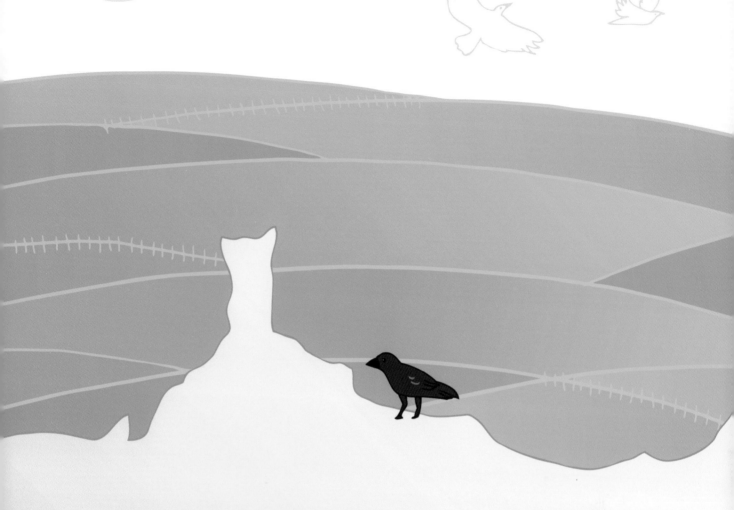

聽見父親回來，蠶娘急忙走出房門，
看見父親把馬皮摔在地上。「曬乾後，
賣掉。」蠶娘愣住了。好一會兒，她
才挪移步子，蹲下，輕觸馬皮。「對
不起，都是我害了你……」蠶娘的眼
淚一顆一顆落了下來。

前方戰情告急，姬父只好整裝返回軍營。「記住，千萬不可再沉溺於空想，荒廢了農務。」姬父說。「尤其是白馬那件事，趕快忘了。」姬父出門時又回頭囑咐一句。蠶娘羞紅了臉，垂著頭低聲答是。

這天，鄰居來收購馬皮。「馬皮還沒乾透，再等幾日吧？」「再等，馬皮就曬成馬乾，賣不出去啦！」賣不出去就算了。蠶娘踢了踢馬皮，輕聲罵道：「就讓牠繼續受日晒雨淋之苦算了，誰教牠癡心妄想！」

突然颳起一陣怪風，馬皮迎風而起，在空中翻了幾轉後，忽然裹住蠶娘，往山谷小溪那兒飛去。蠶娘在空中掙扎、尖叫，踢落了一隻繡鞋，掉在院子裡。而鄰居被嚇得跌在地上，張著大嘴久久說不出話來。

鄰居急忙奔回家告訴父親，要他通知姬父。姬父趕回村裡，尋找蠶娘，但都一無所獲。姬父想起射殺白馬的山谷，於是往那兒尋去。「這是蠶娘的鞋子……」突然，他聽到沙沙沙的聲音。姬父尋聲發現樹上有數條碩大的白蠶正在啃食葉子。

39

姬父將白蠶帶回去飼養，將蠶養得又肥又大，結出來的蠶繭，從中取出來的蠶絲更是堅韌有彈性。看見蠶蟲，姬父想起蠶娘，眼淚止不住的掉。半晌，他啞著聲說：「女兒，這餵養妳的樹，就叫它桑樹吧……」

搜神記

神怪故事集

讀本

原典解説◎劉美瑤

相信鬼神的干寶，寫下了中國第一部奇異故事集。哪些人是他的朋友？又有哪些人與他相關呢？

干寶（？～336年），字令升，新蔡人。東晉時期的史學家與文學家。據說干寶曾親眼看到父親的愛妾死而復生；也看過哥哥因病而斷氣，卻在幾天後醒來，說自己看見鬼神。這兩件事使他更加深信世上真有神怪靈異存在，因此蒐集相關故事，寫成志怪小說的經典——《搜神記》。

TOP PHOTO

郭璞（上圖）為東晉著名詩人，中國遊仙詩體的始祖。他也擅長占卜術數，和干寶十分要好。曾注釋《周易》和《楚辭》等古籍，此外，還花了十八年的時間研究和注解《爾雅》。郭璞的《爾雅注》為現存最早的一部《爾雅》注釋本。

干寶

郭璞

相關的人物

韓友

王導

東晉文人，精通周易，曾追隨易學名家伍振學習《易經》。善於占卜與看風水，幫人消災改運，都十分靈驗。干寶曾經向韓友請教卜卦的道理，他大方與干寶分享，說明卜卦的關鍵在於了解五行之間的運行關係。干寶也把他的事蹟寫入《搜神記》中。

東晉初年的重要大臣，出身於有名望的士族家庭。他盡心輔助晉元帝司馬睿，安定晉朝南渡江南之後的局勢，為東晉政權建立穩固基礎。所以當時的人都說，天下是王家和司馬家共有的。王導非常欣賞干寶的能力，所以推薦他擔任撰寫國家歷史的職位。

葛洪是干寶的好朋友，個性安靜不多話，不羨慕榮華富貴，特別喜歡求仙養生，擅長煉丹和醫術，著有《神仙傳》二十卷。干寶在《搜神記》中也留下幾則葛洪施展醫術、道法的事蹟。干寶特別欣賞他的才華，曾經推薦他代替自己擔任編寫國史的職位，不過葛洪堅持拒絕，不肯當官。上圖為明朝郭詡所繪〈葛仙吐火圖〉。

葛洪

東晉時著名的清談家。他年少時家貧，但頗受王導器重，日後出名更娶了晉明帝的女兒盧陵公主。據說干寶寫完《搜神記》後，曾請劉惔指教。劉惔評論干寶的寫作能力，稱讚他文筆出眾，就像春秋時晉國的歷史家董狐一樣，只不過干寶寫的是鬼怪的歷史，而不是人的歷史。

劉惔

董狐

董狐是春秋時晉國專門負責書寫歷史的官員。他書寫歷史的時候，總是能夠對事實做出直接清楚的描述，不刻意掩飾別人的過錯，對於後代書寫歷史的方法影響很大。

干寶生於戰亂頻仍的西晉末年，在東晉的朝廷中執筆直言，記錄國家興亡與神怪歷史。

TOP PHOTO

291 ～ 306 年

晉武帝為了鞏固皇權，重視宗室子弟的分封，使每個王侯都擁有自己的領土和軍隊。但晉武帝死後，八位王侯為了爭奪權力，在國內引發多場戰爭，從 291 年到 306 年，持續了十六年的內戰，史稱「八王之亂」。干寶大約在亂後出生，成長於急速衰亡的西晉末期。左圖為明刊本《東西晉演義》中的插圖，描繪八王之亂時，嵇紹為了保護晉惠帝而身亡的情節。

八王之亂

童年

相關的時間

撰寫晉史

任地方官

310 年之前

干寶出生年份不詳，但可以推測應該是在西晉時期。因為他父親於 310 年逝世，在父親下葬時，母親因為忌妒，將父親生前相當寵愛的婢女推入墓中，作為陪葬。根據史書記載，這件事發生在干寶年紀尚小的時候。

317 ～ 326 年

317 年東晉建立後，干寶透過大臣王導的推薦，擔任撰寫晉朝歷史的工作，和王隱、郭璞等人是同事，完成備受稱譽的《晉紀》。根據學者研究，干寶擔任這份工作約有十年的時間，一直到 326 年才調換職務。

326 年起

根據史書記載，干寶在 326 年以家境貧困為由，希望朝廷能讓他改任山陰縣令，好領取千石糧米的薪水來貼補家用，之後又改任始安太守。雖然當時因為家貧而希望能擔任縣令的人很多，但干寶可能是為了避免政治紛爭，而假借這個理由離開中央政府。

杜弢之亂

311 ～ 315 年

311 年，發生以杜弢為首的流民叛亂事件，周訪、陶侃奉命前往討伐。315 年八月，陶侃擊敗杜弢，平定亂事。干寶也因為協助平定杜弢之亂有功，而在 318 年被賜予關內侯的爵位。

西晉滅亡

TOP PHOTO

316 年

316 年北方前趙君主劉曜率兵圍攻洛陽，斷絕內外的聯繫，使城內居民陷入飢荒，甚至發生食人的慘劇。最後晉愍帝親自出城投降，於是西晉滅亡，結束了短暫的五十年歷史。上圖為明刊本《東西晉演義》中的插圖，描繪的就是愍帝出降的場景。

逝世

336 年

大約在 335 年，一向欣賞干寶才能的東晉宰相王導，又請求朝廷任命干寶擔任他的部下。然而干寶還來不及任命，就於 336 年離開人世。

《搜神記》充滿了神話、鬼神、變形、陰陽術數等奇幻事物，就讓我們一起走進干寶的異想世界吧！

古代中國人相信整個宇宙都是由陰氣和陽氣組合而成，所以事物的變化有一定的規則。只要觀察異常的天氣變化或自然災害，或是利用一些占卜的方法，就可以預知未來是吉是凶。干寶十分了解如何運用陰陽五行原理推算未來吉凶。

在中國傳統信仰中，人死之後的魂魄稱為鬼；而通過修煉具有非凡法術能力的則為神。魏晉時期開始，文人間流行起「清談」活動，就是結合道家和佛教思想，就某些哲學主題進行辯論。而鬼神的存在，也是話題之一。干寶撰寫《搜神記》，正反映出他「有神論」的主張。

陰陽術數

鬼神

相關的事物

服妖

西王母

TOP PHOTO

西王母最初是中國上古傳說人物，到了漢晉時期在道教中被奉為神明，具有長生不死的神力。《搜神記》中記載了好幾則與西王母有關的故事，其中最著名的是嫦娥偷了西王母賜給后羿的不死藥，獨自一人奔月的故事。上圖為四川漢畫像磚上的西王母。

在傳統中國人的觀念中，「服妖」指的是違反常理、標新立異的穿著打扮，當有這種潮流出現，往往預告著國勢的衰亡。干寶對此也有研究，像晉惠帝時婦人流行配戴做成鉞、戟等兵器形狀的髮簪和配飾，干寶認為這就是後來賈后干政的預兆。

《搜神記》中保留了不少中國神話，像是神農、赤松子、風伯、雨師、嫦娥等人物，還有蠶馬、盤瓠這類關於少數民族的神話故事，為中國神話學和民族學研究留下了珍貴的資料。右圖為神農，《搜神記》中說他用紅色鞭子鞭打各種草木，以了解它們的屬性，然後再教百姓播種各類穀物。

中國神話

TOP PHOTO

變形

漢代以來有「氣化變形」思想，認為天地萬物都是由「氣」的運行變化而成，當自然秩序混亂時，就可能產生各種奇怪的變形現象。《搜神記》中繼承了這樣的思想，記載了各種類型的變形故事，像是：男變女、馬變成狐狸、樹木長成人形等等。

道教

道教是中國本土發展出來的宗教，在草創時期的東漢末年，出現第一部正式經典《太平經》，並開始形成有組織的團體，像是太平道。到了東晉，道教理論發展出完整體系。此時，道教不僅流行於民間，連許多世家大族都信仰道教，和佛教不相上下。《搜神記》中不少故事都反映出道教思想。

干寶一生曾經到過哪些地方？最後他又以哪裡作為自己永恆的歸宿呢？

干寶的祖籍是新蔡（今河南省新蔡縣）。此地據說留有孔子周遊列國時，弟子子路問津的古跡。新蔡縣在漢代屬於汝南郡，東漢末年中原戰亂頻仍，汝南郡也成為戰場。由於干寶祖父在孫吳朝內當官，因此至少可以知道最晚在干寶祖父時，已經舉家搬遷到吳地，或許是為了躲避漢末的戰爭。

干寶的籍貫是吳郡海鹽縣（今浙江省海鹽縣），他的住宅遺址在現今海寧市東南方黃灣鄉的真如寺一帶。他也和父親一樣安葬於此，墓地在海鹽縣西南方的金牛山南邊。

新蔡

吳郡海鹽

相關的地方

山陰縣

洛陽

TOP PHOTO

干寶曾經擔任山陰縣令，在當時是會稽郡（今浙江省紹興市）內的大縣。會稽郡在兩晉、南朝具有不可取代的重要地位，東晉在經歷 327 年的蘇峻之亂後，朝廷中曾經出現將首都從建康移到這裡的建議。上圖為現在紹興的蘭亭風景區內紀念王羲之的鵝池碑。

洛陽（今河南省洛陽市）是中國重要的文化發源地，在周朝稱作成周城，後來東漢光武帝又擴建成洛陽城。西晉也以洛陽為首都，但西晉末年元嘉之亂，匈奴人劉曜攻入洛陽，擄走皇帝，放任部下燒殺擄掠，大肆破壞宮殿、陵墓，洛陽人民死傷慘重，幾乎一夕之間成為廢都。

TOP PHOTO

干寶也曾擔任始安太守。始安郡（今廣西省桂林市）在 265 年孫吳時期才開始設置地方政府，以特殊鐘乳石地形聞名。從今天的角度看，「桂林山水甲天下」是明媚風光；但在魏晉南北朝時卻是偏僻之地，較不受重用者才會出任始安郡。上圖為今日桂林的風景。

金谷園

金谷園是西晉富豪石崇在洛陽為寵妾綠珠所建造的豪華別墅，遺跡在今河南省洛陽市西北方。石崇常邀請文人雅士到園中參與宴會，吟詩作對。干寶在《晉紀》中記載了石崇因不願將綠珠送給當權者，導致全家被殺的經過。

韓憑城

戰國時宋康王因貪戀部下韓憑妻子的美色而把她奪過來。韓憑因此自殺，他妻子不久也跳樓殉情。宋康王不肯將兩人合葬，但兩人的墓分別長出大樹，相互連結成為連理樹，人稱「相思樹」。根據《搜神記》記載，當時睢陽城（今河南省商丘市睢陽區）中還存在著「韓憑城」。

51

搜神記

六朝時期，不僅詩歌、散文開出豐美的花朵，小說創作也展現了繁榮風華。這個時期的小說根據內容約可分為兩類：一類是描寫神鬼怪異的志怪小說，另一類是雜錄軼聞瑣事的軼事小說。志怪小說為六朝小說大宗。

現存六朝志怪小說中，干寶的《搜神記》是最完整的一部。據說干寶的母親在埋葬他父親時，趁機將父親的妾推入棺材一起活埋，過了十年，開棺後發現父親的妾竟然還活著。另外，據說干寶的兄長也是死之後數日又活過來了。這兩件事引起了他對鬼怪神異的興趣，所以四處採集神話故事與民間傳說，寫了《搜神記》。

《搜神記》共分二十卷，每個故事的敘述都非常簡短，其中不乏情節重複的故事，因為干寶並不是刻意進行創作，而是把古今怪異非常之事當作事實來記載，因此故事情節較為簡

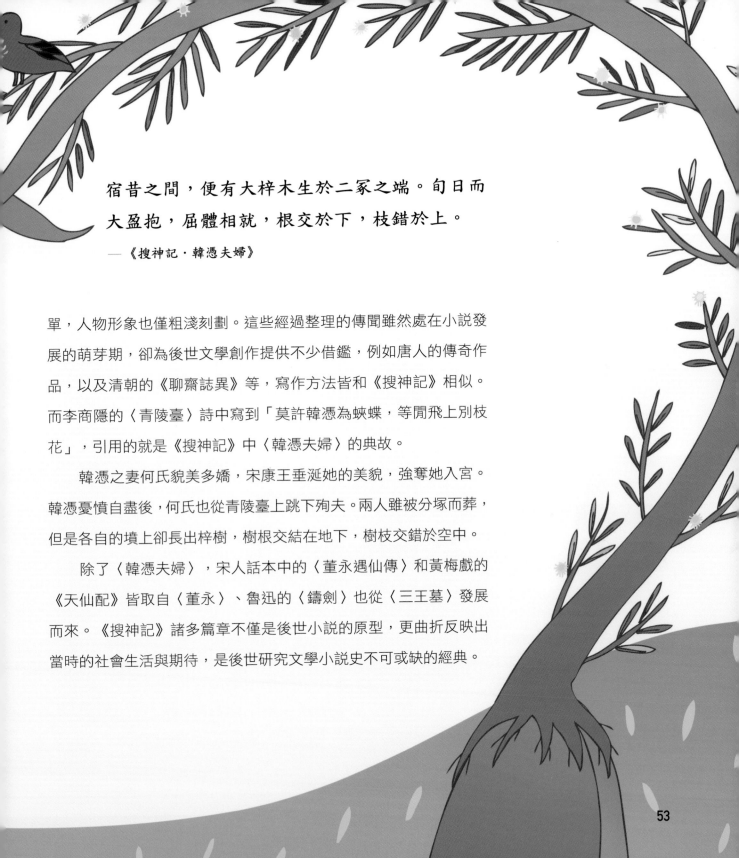

宿昔之間，便有大梓木生於二冢之端。旬日而大盈抱，屈體相就，根交於下，枝錯於上。

——《搜神記·韓憑夫婦》

單，人物形象也僅粗淺刻劃。這些經過整理的傳聞雖然處在小說發展的萌芽期，卻為後世文學創作提供不少借鑑，例如唐人的傳奇作品，以及清朝的《聊齋誌異》等，寫作方法皆和《搜神記》相似。而李商隱的〈青陵臺〉詩中寫到「莫許韓憑為蛺蝶，等閒飛上別枝花」，引用的就是《搜神記》中〈韓憑夫婦〉的典故。

韓憑之妻何氏貌美多嬌，宋康王垂涎她的美貌，強奪她入宮。韓憑憂憤自盡後，何氏也從青陵臺上跳下殉夫。兩人雖被分塚而葬，但是各自的墳上卻長出梓樹，樹根交結在地下，樹枝交錯於空中。

除了〈韓憑夫婦〉，宋人話本中的〈董永遇仙傳〉和黃梅戲的《天仙配》皆取自〈董永〉、魯迅的〈鑄劍〉也從〈三王墓〉發展而來。《搜神記》諸多篇章不僅是後世小說的原型，更曲折反映出當時的社會生活與期待，是後世研究文學小說史不可或缺的經典。

後經數日，得於大樹枝間，女及馬皮，盡化為蠶，而績於樹上。其蠒綸理厚大，異於常蠶。鄰婦取而養之，其收數倍。因名其樹曰「桑」。桑者，喪也。

—《搜神記·女化蠶》

　　中國的桑蠶歷史淵遠流長，關於蠶為何吃桑葉而能吐絲之間的變化，古人並不理解，但是抱持著萬物有靈的信念，透過素樸天真的幻想加以推敲，於是衍生出這麼一則蠶馬神話。經過時日遷移，這個類型的故事越來越豐富，〈女化蠶〉正是蠶桑起源的神話故事之一。

　　〈女化蠶〉出自《搜神記》第十四卷，故事結構可分成五個段落：一、女子希望迎回父親，發願許婚。二、馬應和女子願望，顯現奇蹟迎回父親。三、女子父親毀約殺馬。四、馬皮裹女子飛天而去。五、女子化身為蠶。在這則神話中，蠶、馬、女子互相聯繫，

反映出古代社會的狀況，也可以看出古人素樸的聯想力。首先，織布在古代是女子的工作。由於蠶的外表細膩柔軟，和女子柔潤潔白的皮膚相像。而蠶的頭部在吃桑葉時，會經常抬起，與馬的頭又有些許相似，所以蠶、馬、女子這三個形象才會被聯繫在一起。至於馬皮裹住女子，幻化成蠶的幻想，則出自《山海經》人獸合體的故事類型。從蠶的身體近似馬首女身來作推演，最終馬、蠶、女、桑就成了這一類型故事不變的四個主要元素。

〈女化蠶〉中的桑樹，與「喪」同音，也點出了整篇故事的悲劇成分。古代女子與取桑葉養蠶的關係密不可分，然而桑與喪的音相近，暗示桑樹與喪女的關聯。故事中，發現桑樹的原因來自於白馬，而馬與戰爭的關係不可分割；戰馬代表出外打仗的征夫，桑女則是採桑養蠶的閨婦，蠶女與戰馬的對立不言而喻，構成〈女化蠶〉裡的衝突，編織出這麼一則奇幻的神話故事。

蠶娘

蠶娘是個嬌弱的小姑娘，因為早年喪母，只能與父親相依為命。原本備受呵護的蠶娘因為父親出外征戰，於是必須獨自負擔耕織的家務。

年方十三、四歲的蠶娘正值青春年華，想像力與感情都是最豐沛的年紀。加上一個人獨守家園，終日只能靠著編織幻想去填補寂寞的生活。白馬與她靈犀相通，在她思念父親心情低落時，白馬會載著她到山谷踏青尋幽訪勝；在她作惡夢時，白馬會善解人意的安慰她，以解思親之苦。白馬種種具有靈性的舉措，讓孤獨的蠶娘對白馬產生相濡以沫的情感，甚至因此忘形說出答應婚嫁的許諾。

這不是一句玩笑話，而是一個荳蔻年華情感豐沛的女孩子，在飽受孤獨折磨時，才會連石頭、草木、蟲畜也不在乎，想緊緊擁入懷中，好證明自己不是孤孤單單一個人。因此在蠶娘的心裡，這隻善體人意，與她心意相通的白馬，幾乎等於是一個朋友，一個可以

窮居幽處，思念其父，乃戲馬曰：「爾能為我迎得父
還，吾將嫁汝。」—《搜神記·女化蠶》

拯救她脫離孤苦牢籠的王子。但是這個幻想僅止於當蠶娘是孤獨一
人時。一旦父親歸來，蠶娘立刻從孤獨的幻境中回到現實世界，此
時，她是人，馬是獸，兩者就從朋友轉變回主人與牲畜的關係。

　　在幻想的國度裡那種超脫種族的烏托邦感情，移轉到現實社
會，就變成了違逆人倫禮教、羞辱家門的大忌諱。因為在古代，女
子的婚配應該遵循父母之命、媒妁之言，私定終身是犯了叛逆禮教
的大諱，必會遭唾棄、受磨難。而蠶娘的表現，看起來又像一個誘
惑者，因此更有違傳統婦德的觀念。蠶娘因為思念父親而忽略農事，
又與白馬相伴嬉遊，所以在故事最後招來懲罰：吞吐隱瞞與白馬私
許婚約的事，因此作繭自縛，成為白蠶。古人以此類故事規訓
女子必須受規範，否則將會如同蠶娘一般遭受懲罰。

女與鄰女於皮所戲，以足蹙之曰：「汝是畜牲，而欲取人為婦耶？招此屠剝，如何自苦？」

——《搜神記·女化蠶》

　　關於蠶娘輕踢馬皮，似乎在抱怨白馬的話語，或許令人覺得不悅，怨怪蠶娘：認為她言行輕佻，忘恩負義。但是若仔細探究蠶娘的處境：孤單一人持家，只有白馬作伴；在父親的責罰下招認曾說出與白馬私定終身的戲言，受脅迫必須永遠沉默，不能明顯表露悲憐白馬之死。這種種的回應，可以發現，蠶娘自始至終都是一個無法為自己作主的悲劇人物。

　　古代女子未嫁從父、出嫁從夫，女子是男子可任意支配之物，就像馬是主人的財產一樣，受人支配的物品怎麼有許諾的權利？當然沒有，所以蠶娘的諾言的確是遊戲之言，就像一個孩子說的玩笑

話一樣不能當真。蠶娘的諾言是一個女子在被寂寞囚禁下，妄想藉著許諾掙脫孤獨囚籠的計策。這個策略雖然讓她脫離了寂寞枷鎖，卻也讓她墮入更深的憾恨。

　　而她能明白的表達她的憾恨嗎？不行！因為父親要她對此事沉默，不能違抗父命的蠶娘只能踢著馬皮，表面上像是在抱怨，但細究話語的背後，其實她是在嘲諷自己和白馬的處境一樣，都落入了自己的妄想中，才會一個受到噤聲、一個遭到屠剝，兩種令人難受的處罰。

　　《搜神記》雖然是一本記錄古今怪異之事的書籍，但是其中道德教誨意味並沒有因此稍減，對於女子的規訓更是到處可見。即便如〈韓憑夫妻〉之類崇尚愛情的故事，也隱含女子是男子附屬品的觀念，強調女子必須堅貞。

白馬

　　站在禮教的角度看，白馬的下場，對於重私情、貪美色，未能抵擋誘惑者來說，訓誡意味濃厚。但若以另一種角度看，訓誡的意味少了，悲劇的成分濃厚許多。馬一般都與征戰有關，應該驃悍昂揚，馳騁沙場；但這匹馬偏偏不是，牠是一匹耕馬，專事勞動耕作。比起出生入死的戰馬，耕馬就多了幾分馴畜的味道。由牠對待蠶娘的方式來看，這匹馬不僅馴良、善體人意、情感豐沛，而且還和蠶娘一樣，爛漫而天真。我們可以將白馬看作是一個小長工的形象，牠是蠶娘家畜養的奴僕，身分卑下，但同樣對感情充滿想像與期待。牠以為只要真誠的付出感情，就會得到同樣的回報。為了愛情，牠願意拋去安逸的農事生活，冒險上戰場去找回姬父，也就是說，牠要拋去耕馬溫順的外貌，變成一匹戰馬，證明自己也有馳騁的能耐。

馬不肯食。每見女出入，輒喜怒奮擊。

—《搜神記·女化蠶》

只是白馬忘了，不論牠怎麼努力，套在脖子上的那個套索，只有真
正的主人姬父可以為牠脫下。

　　白馬被射殺不是因為牠妄想與人類婚配，而是牠妄想自己擁有
作主的權利。〈女化蠶〉是一篇神話故事，所以我們萬萬不要用現
實生物界的邏輯來詮釋白馬的行為，認為人馬異類通婚才是造成悲
劇的主因。白馬作為故事裡最卑下的階級，連奴隸的身分都沒辦法
掙脫，怎能得到牠想要的婚姻與愛情呢？這樣的妄想，在重視門當
戶對的父權社會中常導致悲劇收場。

　　白馬向蠶娘追討，要她實踐諾言，無異是海中撈月，因為牠未
能看清允諾自己婚約的蠶娘，其實也是個沒有自主權、無權立諾的
附屬品。牠空有滿腔熱情，溫柔有餘，卻隱忍不足，躁動激進，於
是引來殺身大禍，導致最後以悲劇收場。

言未及竟，馬皮蹶然而起，卷女以行。

——《搜神記·女化蠶》

　　故事中對於馬皮包裹著蠶娘往天空飛升而去的描述，可以採取下列幾種解讀方式。

　　馬皮裹女，可以解讀成白馬死後仍不願放棄愛情，因此強擄了蠶娘來實踐她的誓約，以變形的方式完成兩人的結合。作為許諾者和失信者的女子相對應的馬，兼具被選擇者與被拋棄者的雙重身分，這樣的結局就是憑藉道德原則，對失於禮教且負心的女子施以報復性的懲罰。所以即使白馬已經被殺，只成了一張馬皮，也要卷女而去，完成禮教中對於失信的責罰。這種雙雙消亡並且死而同在的結局，可看出並沒有帶任何浪漫色彩，因為它是從維護禮教、扼殺愛情的角度出發的。

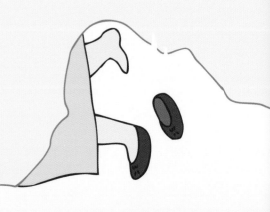

第二種解讀方式，仍從道德訓誡立場來看。馬身已死，暗喻著重私情、貪美色，無法抵擋誘惑的人必遭禍端，不僅會喪失生命，而且死後還會繼續受到曝曬之苦。而馬皮則是禮教包袱的象徵，代表禮教最後吞噬了蠶娘，讓荒廢農事、不勤於農桑，只會沉溺於幻想，自傷自憐甚至私定終身的蠶娘與白馬以輪迴式的勞動：吐絲、作繭自縛、吐絲、作繭自縛，永世為人吐絲織嫁。

　　而最後一種解讀方式，則可將白馬視為藉著生死終於能褪去禮教的束縛，自由主宰自己的感情取向。因為活著要受禮教、受父權的控制；而一旦超脫了生死，白馬就獲得了魔幻想像的能力。於是馬皮裹女則是另一種形式的團圓，所結出的蠶繭潔白無瑕、蠶絲堅韌綿延不絕，象徵著即便禮教的束縛是如此鋪天蓋地，但是嚮往愛情的人，仍然擁有超脫世俗桎梏的能力，可以藉由變形異化自己，或者也可以解釋成藉著書寫或神話傳說的方式，來完成另一種情感的抒發與期待。

姬父

　　〈女化蠶〉故事的背景是在太古時代。相傳當時中原存在許多部落，為了爭取一統中原的位置，部落之間經常相互征戰。根據神話傳說，蠶娘的父親是軒轅族的一名戰士。軒轅族就是黃帝的部族，而黃帝的妻子嫘祖則是傳說中的蠶神。神話傳說嫘祖發現雪白的野蠶繭，經過一番苦心飼養研究後，學會養蠶取絲的方法，並將這個方法傳授給百姓。從嫘祖與黃帝二人肩負的任務，可歸結出古代就有性別分工，戰男桑女的性別形象，因此藉著民間傳說潛植人心，扎根於文化。

　　「戰男桑女」造成了生活中「征夫思婦」這種不可避免的現實衝突：當男子出門在外遠征，留下家中女子獨自挑起穩定生活的責任，同時必須忍受孤獨寂寞的愁思。《詩經》、漢樂府、五言詩中都有不少關於征夫思婦的作品，直到《搜神記》作者干寶生活的魏

太古之時，有大人遠征，家無餘人，唯有一女。

— 《搜神記・女化蠶》

晉南北朝時期，更因為戰亂連年不休，使得征夫思婦的形象
越來越豐富，男征女織變成普遍的社會現象。

　　故事的原文裡，不用「父親」遠征來說故事，而用「大人」
來代表，也有特殊的用意。一名「成年」的「男子」且具有「官
位」，才能算是「大人」。從「大人」兩字中，可以描繪出
一名高大健壯的戰士形象，也隱晦的暗示出蠶娘父親
姬父，才是家中的唯一主宰、掌握權力的人。因為古
代的男子除了擔負保家衛國的責任，還要保證農耕生
活的穩定，因此在故事最初，緣於征戰再起，姬父從
耕種田地的男人變成了征男，征男桑女的故事衝突因
此成立，再由此衍生出後續的故事。所以姬父的「大
人」形象轉變其實是故事推演的關鍵。

父曰：「勿言，恐辱家門。且莫出入。」於是伏弩射殺之。暴皮于庭。 ──《搜神記‧女化蠶》

　　姬父不僅是家中的唯一權威，而且做事也十分謹慎周全。當他發現蠶娘與白馬行為有異時，並沒有大聲嚷嚷，而是暗暗打探消息。一旦得知真相後，雖然大怒，但也不會因為怒氣沖沖而失去理智。他首先想到的是，如何讓風險降到最低。什麼風險？門風敗壞，女兒的名聲汙損。換句話說，家族的榮譽是他必須全力守護的第一要事。因此他要求女兒「勿言」，先奪回女兒擅自拿取的發言權，也就是蠶女自己私下和白馬口頭承諾許婚的行徑。因為在傳統中國的社會觀念裡，女兒本來就沒有自主的權利。女兒答應了父親的要求，於是不能再與父親對話，因為一旦女兒發言了，就會「辱及家門」、

敗壞家風。

　　父親奪去了女兒的發言權還不夠，還要讓企圖「造反」的白馬也噤聲，而最快最穩妥的方式，就是殺了白馬。並且，還要讓馬皮公開曝曬在中庭作為警示：只要違逆父權就一定得死。

　　閱讀〈女化蠶〉的故事結局，我們發現當家中不再有溝通，變成一言堂時，家就不再是家，而變成了「枷」鎖。在父權如日中天，讓兒女無所遁逃的囚籠裡，兒女只有異化自己，例如蠶娘最後與白馬異化成蠶，以另一種方式獲得自由。

　　最後，姬父因喪女而心痛，終於醒悟自己的霸道專擅，但是真實社會中的家長與君主、長官，又有幾人能有此醒悟？故事裡父親最後的醒悟，或許可看作是作者對世人的提醒與期待吧！

當搜神記的朋友

《搜神記》是一本關於中國神怪故事的小說集，內容蒐集了許多神話故事與民間傳說。其中記錄了眾多神仙妖怪，具有浪漫又充滿幻想的特色，可見受中國最古老的神話書《山海經》影響很深，是想要了解中國神話不可不讀的一部書。

除了〈女化蠶〉以外，《搜神記》收集了各式各樣有趣的人事。最廣為人知的，像是嚐百草的神農、長壽的彭祖。除此之外，還有南海鮫人，也就是在南海地方的某種人魚，根據書上的形容，他們一旦哭泣，眼淚就會變成珍珠。神話傳說裡很重要的人物——西王母，在《搜神記》中也有記載。西王母的形象與故事在不同時代的傳說裡總會出現不同的樣貌，而在《搜神記》中，西王母給了后羿長生不老藥，才造成日後嫦娥奔月的結果。

《搜神記》的內容如此精采豐富，其中搜錄的奇異傳說雖然有些篇幅簡短，缺乏小說的結構，但經過時空流轉，之後也在歷代作品裡演變成不同的樣貌。

當《搜神記》的朋友，你會結交各路鬼神妖怪，也會發現各種形貌可怕、逗趣或詭異的動物。請放心，他們不會傷害你，還會睜著大眼攤開雙手歡迎你進入他們的世界！

當《搜神記》的朋友，就像是握著一把進入奇幻國境的鑰匙，當你願意推開眼前這扇大門、走進這個神仙妖怪熙來攘往的神話國度，你就能體會流轉千年的民間傳說，還能發現它們在歷代的不同樣貌，並且，感受它們所帶來的智慧與啟示。

我是大導演

看完了搜神記的故事之後，
現在換你當導演。
請利用紅圈裡面的主題（神話），
參考白圈裡的例子（例如：蠶娘），
發揮你的聯想力，
在剩下的三個白圈中填入相關的詞語，
並利用這些詞語畫出一幅圖。

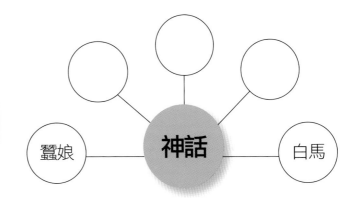

◎ 少年是人生開始的階段。因此，少年也是人生最適合閱讀經典的時候。這個時候讀經典，可為將來的人生旅程準備豐厚的資糧。因為，這個時候讀經典，可以用輕鬆的心情探索其中壯麗的天地。

◎ 【經典少年遊】，每一種書，都包括兩個部分：「繪本」和「讀本」。繪本在前，是感性的、圖像的，透過動人的故事，來描述這本經典最核心的精神。小學低年級的孩子，自己就可以閱讀。讀本在後，是理性的、文字的，透過對原典的分析與說明，讓讀者掌握這本經典最珍貴的知識。小學生可以自己閱讀，或者，也適合由家長陪讀，提供輔助說明。

◎ 【經典少年遊】，我們先出版一百種中國經典，共分八個主題系列：詩詞曲、思想與哲學、小說

001 世說新語　魏晉人物畫廊
A New Account of Tales of the World: Anecdotes in the Southern and Northern Dynasties
故事／林羽豔　原典解說／林羽豔　繪圖／吳亦之

東漢滅亡之後，魏晉南北朝便出現了。雖然局勢紛亂，但是卻形成了自由開放的風氣。《世說新語》記錄了那個時代裡，那些人物怎麼說話、如何行事。讓我們看到他們的氣度、膽識與才學，還有日常生活中的風雅與幽默。

002 搜神記　神怪故事集
In Search of the Supernatural: Records of Gods and Spirits
故事／劉美瑤　原典解說／劉美瑤　繪圖／顧珮仙

晉朝的干寶，搜集了許多有關神仙鬼怪與奇思異想的故事，成為流傳至今的《搜神記》。別小看這些篇幅短小的故事，它們有些是自古流傳的神話，有的是民間傳說，統稱為「志怪小說」，成為六朝文學的燦爛花朵。

003 唐人傳奇　浪漫的傳說故事
Tang Tales: Collections of Tang Stories
故事／康逸藍　原典解說／康逸藍　繪圖／林心雁

正直的書生柳毅相助小龍女，體驗海底龍宮的繁華，最後還一同過著逍遙自在的生活。唐人傳奇是唐朝的文言短篇小說，內容充滿奇幻浪漫與俠義豪邁。在這個世界裡，我們不僅經歷了華麗的冒險，還看到了如夢似幻的生活。

004 竇娥冤　感天動地的竇娥
The Injustice to Dou E: Snow in Midsummer
故事／王蕙瑄　原典解說／王蕙瑄　繪圖／榮馬

善良正直的竇娥，為了保護婆婆，招認自己從未犯過的罪。行刑前，她許下三個誓願：血濺白布、六月飛雪、三年大旱，期待上天還她清白。三年後，竇娥的父親回鄉判案，他能發現事情的真相嗎？竇娥的心聲，能不能被聽見？

005 水滸傳　梁山好漢
Water Margin: Men of the Marshes
故事／王宇清　故事／王宇清　繪圖／李遠聰

林沖原本是威風的禁軍教頭，他個性正直、武藝絕倫，還有個幸福美滿的家庭，無奈遇上了欺壓百姓的太尉高俅，不僅遭到陷害，還被流放到偏遠地區當守軍。林沖最後忍無可忍，上了梁山，成為梁山泊英雄的一員大將。

006 三國演義　風起雲湧的英雄年代
Romance of the Three Kingdoms: The Division and Unity of the World
故事／詹雯婷　原典解說／詹雯婷　繪圖／蔣智鋒

曹操要來攻打南方了！劉備與孫權該如何應戰，周瑜想出什麼妙計？大戰在即，還缺十萬支箭，孔明卻帶著二十艘船出航！羅貫中的《三國演義》，充滿精采的故事與神機妙算，記錄這個風起雲湧的英雄年代。

007 牡丹亭　杜麗娘還魂記
Peony Pavilion: Romance in the Garden
故事／黃秋芳　原典解說／黃秋芳　繪圖／林虹亨

官家大小姐杜麗娘，遊賞美麗的後花園之後，受寒染病，年紀輕輕就離開人世。沒想到，她居然又活過來！這到底是怎麼一回事？明朝劇作家湯顯祖寫《牡丹亭》，透過杜麗娘死而復生的故事，展現人們追求自由的浪漫與勇氣！

008 封神演義　神仙名人榜
Investiture of the Gods: Defeating the Tyrant
故事／王洛夫　原典解說／王洛夫　繪圖／林家棟

哪吒騎著風火輪、拿著混天綾，一不小心就把蝦兵蟹將打得東倒西歪！個性衝動又血氣方剛的哪吒，要如何讓父親李靖理解他本性善良？又如何跟著輔佐周文王的姜子牙，一起經歷驚險的戰鬥，推翻昏庸的紂王，拯救百姓呢？

009 三言　古今通俗小說
Three Words: The Vernacular Short-stories Collections
故事／王蕙瑄　原典解說／王蕙瑄　繪圖／周庭萱

許宣是個老實的年輕人，在下著傾盆大雨的某一日遇見白娘子，好心借傘給她，兩人因此結為夫妻。然而，白娘子卻讓許宣捲入竊案，害得他不明不白的吃上官司。在美麗華貴的外表下，白娘子藏著什麼秘密？她是人還是妖？

010 聊齋誌異　有情的鬼狐世界
Strange Stories from a Chinese Studio: Tales of Foxes and Ghosts
故事／岑澎維　原典解說／岑澎維　繪圖／鐘昭弋

有個水鬼名叫王六郎，總是讓每天來打撈的漁翁滿載而歸。善良的王六郎會不會永遠陪著漁翁捕魚？好心會有好報嗎？蒲松齡的《聊齋誌異》收錄各式各樣的鄉野奇談，讓讀者看見那些鬼狐精怪的喜怒哀樂，原來就像人類一樣。

與故事、人物傳記、歷史、探險與地理、生活與素養、科技。每一個主題系列，都按時間順序來選擇代表性的經典書種。

◎ 每一個主題系列，我們都邀請相關的專家學者擔任編輯顧問，提供從選題到內容的建議與指導。我們希望：孩子讀完一個系列，可以掌握這個主題的完整體系。讀完八個不同主題的系列，可以不但對中國文化有多面向的認識，更可以體會跨界閱讀的樂趣，享受知識跨界激盪的樂趣。

◎ 如果説，歷史累積下來的經典形成了壯麗的山河，【經典少年遊】就是希望我們每個人都趁著年少探索四面八方，拓展眼界，體會山河之美，建構自己的知識體系。少年需要遊經典。經典需要少年遊。

011 説岳全傳　盡忠報國的岳飛
The Complete Story of Yue Fei: The Patriotic General
故事／鄒敦怜　原典解説／鄒敦怜　繪圖／朱麗君

岳飛才出生沒多久，就遇上了大洪水，流落異鄉。他與母親相依為命，又拜周侗為師，學習武藝，成為一個文武雙群的人。岳飛善用兵法，與金兵開戰；他最終的志向是一路北伐，收復中原。這個心願是否能順利達成呢？

012 桃花扇　戰亂與離合
The Peach Blossom Fan: Love Story in Wartime
故事／趙予彤　原典解説／趙予彤　繪圖／吳泳

明朝末年國家紛亂，江南卻是一片歌舞昇平。李香君和侯方域在此相戀，桃花扇是他們的信物。他們憑一己之力關心國家，卻因此遭到報復。清朝劇作家孔尚任，把這段感人的故事寫成《桃花扇》，記載愛情，也記載明朝歷史。

013 儒林外史　官場浮沉的書生
The Unofficial History of the Scholars: Life of the Intellectuals
故事／呂淑敏　原典解説／呂淑敏　繪圖／李遠聰

匡超人原本是個善良孝順的文人，受到老秀才馬二與縣老爺的賞識，成了秀才。只是，他變得愈來愈驕傲，也一步步犯錯。清朝作家吳敬梓的《儒林外史》，把官場上的形形色色全寫進書中，成為一部非常傑出的諷刺小説。

014 紅樓夢　大觀園的青春年華
The Story of the Stone: The Flourish and Decline of the Aristocracy
故事／唐香燕　原典解説／唐香燕　繪圖／麥震東

劉姥姥進了大觀園，看到賈府裡的太太、小姐與公子，瀟湘館、秋爽齋與蘅蕪苑的美景，還玩了行酒令、吃了精巧酥脆的點心。跟著劉姥姥進大觀園，體驗園內的新奇有趣，看見燦爛的青春年華，走進《紅樓夢》的文學世界！

015 閲微草堂筆記　大家來説鬼故事
Random Notes at the Cottage of Close Scrutiny: Short Stories About Supernatural Beings
故事／邱慧敏　故事／邱慧敏　繪圖／楊瀚橋

世界上真的有鬼嗎？遇到鬼的時候該怎麼辦？看看紀曉嵐的《閲微草堂筆記》吧！他會告訴你好多跟鬼狐有關的故事。長舌的女鬼、嚇人的笨鬼、扮鬼的壞人、助人的狐鬼。看完這些故事，你或許會覺得，鬼狐比人可愛多了呢！

016 鏡花緣　海外遊歷
Flowers in the Mirror: Overseas Adventures
故事／趙予彤　原典解説／趙予彤　繪圖／林虹亨

失意的文人唐敖，跟著經商的妹夫林之洋和博學的多九公一起出海航行，經過各種奇特的國家。來到女兒國，林之洋竟然被當成王妃給抓走了！翻開李汝珍的《鏡花緣》，看看他們的驚險歷險，猜一猜，他們最後如何歷劫歸來？

017 七俠五義　包青天為民伸冤
The Seven Heroes and Five Gallants: The Impartial Judge
故事／王洛夫　原典解説／王洛夫　繪圖／王韶薇

包公清廉公正，但宰相龐太師卻把他看作眼中釘，想作法陷害。包公能化險為夷嗎？豪俠展昭是如何發現龐太師的陰謀？説書人石玉崑和學者俞樾，把包公與江湖豪傑的故事寫成《七俠五義》，精彩的俠義故事，讓人佩服！

018 西遊記　西天取經
Journey to the West: The Adventure of Monkey
故事／洪國隆　原典解説／洪國隆　繪圖／BO2

慈悲善良的唐三藏，帶著聰明好動的悟空、好吃懶做的豬八戒、刻苦耐勞的沙悟淨，四人一同到西天取經。在路上，他們會遇到什麼驚險意外？踏上《西遊記》的取經之旅，和他們一起打敗妖怪，潛入芭蕉洞，恣意冒險！

019 老殘遊記　帝國的最後一瞥
The Travels of Lao Can: The Panorama of the Fading Empire
故事／夏婉雲　原典解説／夏婉雲　繪圖／蘇奔

老殘是個江湖醫生，搖著串鈴，在各縣市的大街上走動，幫人治病。他一邊走，一邊欣賞各地風景民情。清朝末年，劉鶚寫《老殘遊記》，透過主角老殘的所見所聞，遊歷這個逐漸破敗的帝國，呈現了一幅抒情的中國山水畫。

020 故事新編　換個方式説故事
Old Stories Retold: Retelling of Myths and Legends
故事／洪國隆　原典解説／洪國隆　繪圖／施怡如

嫦娥與后羿結婚後，有幸福美滿嗎？所有能吃的動物都被后羿獵殺精光，只剩下烏鴉和麻雀可以吃！嫦娥變得愈來愈瘦，勇猛的后羿能解決困境嗎？魯迅重新編寫中國的古代神話，翻新古老傳説的面貌，成為《故事新編》。

經典
少年遊

youth.classicsnow.net

002
搜神記　神怪故事集
In Search of the Supernatural
Records of Gods and Spirits

編輯顧問（姓名筆劃序）

王安憶　王汎森　江曉原　李歐梵　郝譽翔　陳平原
張隆溪　張臨生　葉嘉瑩　葛兆光　葛劍雄　鄭培凱

故事：劉美瑤
原典解說：劉美瑤
繪圖：顧珮仙
人時事地：李佩璇

編輯：鄧芳喬　張瑜珊　張瓊文
美術設計：張士勇
美術編輯：顏一立
校對：陳佩伶

企畫：網路與書股份有限公司
出版者：大塊文化出版股份有限公司
台北市10550南京東路四段25號11樓
www.locuspublishing.com
讀者服務專線：0800-006689
TEL：+886-2-87123898
FAX：+886-2-87123897
郵撥帳號：18955675
戶名：大塊文化出版股份有限公司
法律顧問：全理法律事務所董安丹律師

總經銷：大和書報圖書股份有限公司
地址：新北市新莊區五工五路2號
TEL：+886-2-8990-2588
FAX：+886-2-2290-1658
製版：沈氏藝術印刷股份有限公司

初版一刷：2014年3月
定價：新台幣299元